AF382195

BOB MARLEY

Luces y sombras del rey del reggae

Por Catherine Thirard
Traducido por Laura Bernal Martín

Historia 50MINUTOS.es

BOB MARLEY, EL ICONO DEL *REGGAE*

UN SÍMBOLO DEL MOVIMIENTO RASTAFARI

- **¿Nacimiento?** El 6 de febrero de 1945 en Nine Miles (Jamaica).
- **¿Muerte?** El 11 de mayo de 1981 en Miami, Florida (Estados Unidos).
- **¿Principales aportaciones?**
  - Álbum tras álbum, Bob Marley se impone como uno de los defensores de los pueblos pobres y oprimidos gracias a sus letras reivindicativas (con el álbum *Exodus* en 1977). El creciente éxito que experimenta a partir de su disco *Catch a Fire* en 1973 le permite presentarse como su estandarte.
  - La llegada a Londres de este disco le da al *reggae* (música jamaicana) un color más internacional, lo que poco a poco le confiere a Bob Marley un alcance planetario.
  - Gracias a esto, da a conocer universalmente el pensamiento rastafari que narra en sus

canciones. Esta estrella del *reggae* e icono de este movimiento cultural y espiritual que se desarrolla en Jamaica en los años 1930 cuenta su historia a través de sus canciones. La música y la filosofía rastafari le dan a este hombre, procedente de uno de los guetos más pobres de Jamaica, un motivo por el que vivir.

Los comienzos de la carrera de Bob Marley con los Wailers (grupo de música jamaicano de 1963 a 1973) son caóticos. Debe esperar casi diez años para cosechar algo de éxito. Al contrario, el final de su carrera es fulgurante. En algunos años, se convierte en uno de los cantantes de *reagge* más populares en Europa.

Aprovecha esta notoriedad para llevar un mensaje de paz a una Jamaica donde la violencia generada por dos partidos políticos opuestos es desenfrenada. También habla en nombre del movimiento rastafari y pide al pueblo negro que se alce y se rebele contra la opresión blanca. Álbum tras álbum, proclama su fe en este movimiento que ve en la figura de Haile Selassie (el último emperador de Etiopía, 1892-1975) un nuevo mesías.

Las canciones de Bob Marley son himnos al amor, un amor que encuentra en los brazos de muchas mujeres y que conducirá al alumbramiento de 11 hijos. Vive su vida a toda prisa, como si supiera que el tiempo se le escurre entre los dedos. A la edad de 36 años, cuando su carrera empieza a desarrollarse en los Estados Unidos, se entera de que su estado de salud es irreversible. Fallece el 11 de mayo de 1981 en Miami.

Sin embargo, gracias la edición de un gran número de canciones grabadas por Bob Marley en sus inicios y que se habían quedado sin publicar, su música no deja de sonar. De esta manera, se prolonga la estela de la carrera y de la influencia de esta estrella del *reggae*.

BIOGRAFÍA

| Bob Marley, julio de 1979.

UNA INFANCIA AL RITMO DE LA MÚSICA

Bob Marley, cuyo verdadero nombre es Robert Nesta Marley, nace el 6 de febrero de 1945 de padre blanco, Norval Marley (1881-1955) y madre negra, Cedella Malcolm (1926-2008). Nesta, como lo llama su madre, se sentirá rechazado por ambas comunidades a lo largo de toda su vida. Crece en Nine Mile, un pueblo de la provincia de Santa Ana, al norte de Jamaica. Apenas ve a su padre, que no se ha podido casar con Cedella porque, en la Jamaica de los años 1940, los matrimonios mixtos están prohibidos. Aunque visita a Nesta cuando es pequeño, Norval parece desaparecer enseguida de la vida de su hijo, dejándolo solo bastante antes de entrar en la adolescencia.

Dividido entre la escuela y el trabajo en el campo, la infancia de Bob Marley se mece al ritmo de la música. De hecho, todos los domingos acompaña a su madre a la iglesia baptista (una corriente cristiana evangélica que nace en el siglo XVII) donde se canta góspel. Su abuelo es un violinista aficionado y su tío toca la guitarra en fiestas. *Touch Me Tomato*, un *mento* tradicional, es la primera canción que canta el pequeño Nesta a los 5 años, haciendo entrechocar dos trozos de madera para seguir el ritmo.

SUS INICIOS MUSICALES CON LOS WAILERS

Bob Marley crece en el barrio sur de Livingstone, donde se instala con su madre en 1957. En este gueto negro, en el que reinan la violencia y la pobreza, hace música con su amigo Bunny (cuyo verdadero nombre es Neville Livingstone, nacido en 1947). Ambos cantan acompañados por el sonido de una guitarra reciclada. Hacen versiones, pero también comienzan a crear sus propias canciones. Joe Higgs (cantante y guitarrista jamaicano, 1940-1999), que introduce a los chicos del barrio en la música, se convierte en su mentor en los años 1960.

En esta época, Bob conoce a Peter Tosh (artista jamaicano nacido como Winston Hubert Macintosh, 1944-1987), que le da clases de guitarra y acaba por unirse al dúo. En 1963, esta formación es completada por Junior Braithwaite (cantante jamaicano, 1949-1999), por Cherry

Smith (cantante jamaicana, 1943-2008) y por Beverly Kelso (cantante jamaicana, nacida en 1948) a los coros, y decide llamarse The Wailers.

Sin embargo, Cedella Marley no ve con buenos ojos la vocación de su hijo por la música y le envía a aprender el oficio de soldador a un taller. Poco después, Bob Marley sufre un accidente laboral y, al igual que Desmond Dekker (1941-2006), un músico que había sufrido su misma suerte, abandona el oficio para dedicarse por completo a la música.

Entre 1966 y 1970, Bob Marley graba con los Wailers un gran número de títulos en distintos estudios de Jamaica. Con todo, no se editan todos los discos, y los que sí lo hacen no logran en Jamaica el éxito previsto. Habrá que esperar hasta 1971 para que los Wailers comiencen a hacerse un nombre y a vender discos. Pero el éxito sigue siendo moderado y la primera gira por Inglaterra no es un éxito. Solo en 1974, con el álbum *Natty Dread*, el grupo recibe críticas positivas por parte de la prensa y cosecha un éxito que no hace más que intensificarse con el paso de los años.

UN ÉXITO MODESTO

En 1975, Bob Marley compra la casa de su exproductor, Chris Blackwell (nacido en 1937). Vive rodeado de sus seres queridos siguiendo el estilo de vida rastafari: juega al fútbol, medita, escucha la radio, lee los periódicos y, sobre todo, compone canciones que más tarde registra en un estudio.

Durante su juventud ha descubierto lo que es la pobreza, por lo que intenta en la medida de lo posible ayudar a los más desfavorecidos: ofrece dinero, conversa y le da consejos a los que llaman a su puerta. Cuenta la leyenda que, cuando ya no tiene más dinero, se pasea por el barrio con los bolsillos hacia fuera.

IS THIS LOVE

A lo largo de su vida, Bob Marley será un eterno enamorado. Su primera mujer, Rita (artista jamaicana nacida en 1946), miembro del grupo de *reggae* The Soulettes, con la que se casa en 1966, se queda a su lado a pesar de las relaciones que mantiene con otras mujeres. También desempeña un importante papel en su carrera. Juntos tienen tres hijos: Cedella (nacida en 1967), David, más conocido como Ziggy (nacido en 1968) y Stephen (nacido en 1972). Bob Marley también adopta a Sharon (nacida en 1964), la hija que Rita había tenido antes de su matrimonio.

Entre sus numerosas conquistas femeninas se encuentran Pat Williams, madre de Robert (Robbie) Marley (nacido en 1972) o Esther Anderson (nacida en 1946). Esta jamaicana, actriz y fotógrafa en sus horas libres, amiga de Marlon Brando (actor y director estadounidense, 1924-2000) y de Chris Blackwell, inmortaliza a Bob Marley fumando un imponente porro. Este retrato, hoy en día célebre, es la portada del álbum *Burnin'* (1973).

Bob también se enamora de Anita Belnavis, una campeona de tenis de mesa, pero sobre todo de Cindy Breakspeare (artista de *jazz* canadiense, nacida en 1954), coronada Miss Universo en 1976. Le dedica magníficas canciones de amor como *Waiting in Vain* (1977) y *Is This Love* (1978). De todas sus relaciones nacen los 10 hijos reconocidos por la herencia Marley. No obstante, en realidad, algunas fuentes apuntarían que Bob habría tenido 25 hijos.

CONTEXTO

UN CONTEXTO POLÍTICO TENSO

Bob Marley procede de uno de los guetos de Kingston, la capital de Jamaica. Solo tiene 17 años cuando la colonia inglesa obtiene su independencia el día 6 de agosto de 1962. Entonces, se alternan en el poder el Partido Laborista de Jamaica (JLP), de tendencia más bien liberal que lidera el país hasta 1972), y el Partido Nacional Popular (PNP), de obediencia socialista, que le sucede hasta 1980, cuando el JLP vuelve a hacerse con el poder hasta 1989.

Las políticas llevadas a cabo por estos sucesivos Gobiernos nunca permiten que Jamaica encuentre una estabilidad económica. Al contrario, sus acciones no hacen más que aumentar la tasa de desempleo y la pobreza de los isleños. Este empobrecimiento se hace aún más patente en los barrios de chabolas de la capital que, con el éxodo rural, ven cómo su población aumenta considerablemente. La brecha entre la población blanca, instalada en la zona alta de la ciudad, y los afroindojamaicanos, alojados en los barrios de chabolas situados en la parte baja, no deja de aumentar con el paso del tiempo, lo que aviva un conflicto racial.

Además, los políticos apenas se interesan por estos barrios pobres. Cuando parece que alguien les presta atención, lo hace con el único objetivo de destruirlos —sin ofrecer una alternativa de realojamiento— para construir inmuebles en los que alojar a sus partidarios. Así es como el JLP y el PNP se reparten los barrios de la ciudad. Para que sus partidarios se defiendan de la violencia urbana, muy corriente, estos políticos les proporcionan armas, además de armar a hombres pertenecientes a los guetos para obtener sus votos de cara a las elecciones. Bob Marley conoce bien la pobreza y la violencia de estos barrios.

Las elecciones de 1972, que gana Michael Manley (político jamaicano a la cabeza del PNP, 1924-1997) y ponen fin al reinado del Partido Laborista de Jamaica, marcan un punto de inflexión en la vida política jamaicana. De hecho, Manley da un pronunciado giro a la izquierda al querer instaurar una reforma socialista para defender al proletariado. Además, su acercamiento al Gobierno cubano en un momento en el que la Guerra Fría (1947-1991) está en pleno apogeo no es visto con buenos ojos por el poder estadounidense, que apoya al JLP. A partir de ese momento, el clima social y político jamaicano se vuelve tenso.

En 1976, la campaña para su reelección se ve marcada por enfrentamientos entre las facciones de cada partido, armadas por los propios políticos, lo que lleva a que un clima de violencia extrema reine en los guetos de Kingston. No se debe olvidar que estos conflictos sociales se intensifican por culpa de una complicada situación económica (el desempleo llega a afectar al 35 % de la población activa) y de un conflicto racial que opone a la clase dominante blanca con la clase mayoritaria, pero dominada: la población negra.

Para mitigar las tensiones, Bob Marley decide organizar un concierto de reconciliación nacional, Smile Jamaica, en el que actuarían diversos artistas. Dos días antes del concierto, resulta herido como consecuencia de un ataque a mano armada. Tras el concierto —que ofrece a pesar de sus heridas—, Bob Marley se exilia a Inglaterra. Habrá que esperar hasta 1978, cuando Jamaica se encuentra al borde de la guerra civil, para que

Bob Marley acepte volver a su país natal para calmar la situación.

DEL *SKA* AL *REGGAE*

Ska Jerk (1965)

Cuando Nesta Marley se instala con su madre en Trenchtown en los años 1950, la música está presente en todas las calles del gueto. Los habitantes de este barrio pobre y superpoblado escuchan música difundida por las radios estadounidenses que emiten desde Miami.

Con la aparición en los años 1950 de los *sound systems* (sistemas de sonido móviles), la música no solo se escucha dentro de casa, sino también en los patios o en espacios más vastos, como en descampados. Entonces, Bob Marley descubre a Elvis Presley (cantante y actor estadounidense, 1935-1977) o a Otis Redding (cantante de música *soul* estadounidense, 1941-1967), figuras clave del rocanrol, o a los músicos de *jazz* estadounidenses Louis Armstrong (1901-1971) o Fats Waller (1904-1943). A esta música estadounidense se le une el *mento*, la música tradicional jamaicana.

De este mestizaje en 1962 nace el *ska*. Esta música, con un tempo rápido, aparece como la emanación de la alegría que experimentan los jamaicanos, que acaban de librarse del yugo colonial inglés. Se caracteriza por un uso sistemático de la guitarra a contratiempo.

<u>El ritmo a contratiempo y la síncopa</u>

En música, el tempo es la velocidad del pulso (tiempo regular). En el ritmo a contratiempo, el acento no se pone en el pulso (parte fuerte), sino en la segunda parte (débil) del compás.

La síncopa consiste en tocar una nota en el primer pulso y dejar que el resto caiga en las partes débiles. Así, el empleo de la síncopa crea una inestabilidad rítmica.

El grupo que abandera principalmente este estilo musical es The Skatalites, con el que Bob Marley y los Wailers graban entre 1963 y 1965 un gran número de canciones, entre ellas *Cry To Me* (que se publica por primera vez en 1965) o *One Love* (1965), ambas compuestas por Bob Marley.

Rocksteady (1965)

La moda del *ska* es efímera, ya que este estilo musical es suplantado dos o tres años más tarde por el *rocksteady*. Este, más lento que el *ska*, le da una mayor importancia al bajo que acentúa los tiempos. Siguiendo la moda, Bob Marley y los Wailers graban más de cien canciones de *rocksteady* entre 1965 y 1968, entre ellas *Bend Down Town* y *Freedom Time* (1966).

Kinky reggae (1973)

El *reggae*, que deriva del *ska* y del *rocksteady*, encuentra su forma definitiva en los años 1970 de la mano de artistas como Jimmy Cliff (cantante jamaicano de *reggae*, nacido en 1948).

EL ORIGEN DEL *REGGAE*

Existen dos etimologías para el término *reggae*. Para la primera, la palabra derivaría del inglés *regular people* o *raggedy*, que significan «harapiento». Para la segunda, derivaría de *streggae* (mujer fácil en español), una palabra del argot jamaicano.

El *reggae* tiene una identidad rítmica más fuerte que sus dos predecesores. Así, al bajo le corresponde un papel más importante que el que detentaba antes, mientras que la batería toca ritmos sincopados y pone el acento con los platillos en el tercer tiempo. El ritmo del *reggae* evoca los tambores nyahbinghi, utilizados en los ritos rastafari, que recuerdan a los latidos del corazón. Sin embargo, más allá de sus particularidades musicales, el *reggae* es sobre todo el símbolo del movimiento rastafari, del que Bob Marley es uno de los principales representantes.

<u>El origen</u>

La palabra «rastafari» procede del nombre de nacimiento de Haile Selassie (que significa «poder de la Trinidad»: Ras Tafari Makonnen. «Ras» significa «príncipe» o «noble» en amárico, una lengua semítica hablada principalmente en Etiopía. Se proclama «Elegido de Dios», «Rey de Reyes» y «León Conquistador de la Tribu de Judá» (uno de los hijos de Jacob en la Biblia).

EL MOVIMIENTO RASTAFARI

El movimiento rastafari nace en los años 1930 en Jamaica gracias a la iniciativa de, entre otros, Marcus Garvey (periodista y militante político, 1887-1940) y de Leonard Percival Howell (1898-1981). Preconiza una revuelta contra los colonos blancos que no solo han sometido a Jamaica, sino también a todo el continente africano. Vehicula la idea de una Jamaica panafricana (que exige a los africanos unirse y emanciparse de la dominación a la que se ven sometidos) y anuncia la llegada de un mesías.

Su predicción se cumple el día 2 de noviembre de 1930 con la llegada al trono etíope de Haile Selassie. Según los defensores del panafricanismo, es el 25.º descendiente del rey Salomón (rey de Israel, siglo I a. C.) y de la reina de Saba.

| Haile Selassie I de Etiopía, por el fotógrafo suizo Walter Mittelholzer (1894-1937), febrero de 1934.

Cuando el dignatario acude a Jamaica en 1966, Bob Marley descubre esta filosofía panafricana de unión. El joven, que se sentía rechazado tanto por la comunidad blanca como por la negra, encuentra por fin una familia y una identidad. Es entonces cuando adopta el modo de vida rastafari: hace deporte y sigue una alimentación vegetariana basada en productos biológicos. Para meditar y acercarse a Jah (abreviatura de Jehová que se refiere a Dios en la Biblia), fuma marihuana (cannabis) y, como la mayoría de los rastas, se deja crecer el pelo formando rastas o *dreadlocks* (mechas de pelo que se enredan de manera natural).

Retoma principalmente los ideales de Marcus Garvey al querer crear una identidad panafricana y al desear que el pueblo negro se alce y recupere su independencia. Sus canciones son las principales embajadoras de sus ideas. Su notoriedad le permite convertirse al mismo tiempo en un icono del movimiento rastafari y del alzamiento del pueblo negro ante la opresión blanca.

LOS RASTAFARIS Y ETIOPÍA

Los rastafaris se sienten especialmente cercanos a Etiopía, lo que explica que hayan adoptado como sus colores los de la ban-

dera de ese país: el rojo, el verde y el amari-
llo. Para ellos, simbolizan la nobleza que se
encarna en la sangre, la riqueza espiritual y
material y el reino de Dios en la tierra.

De hecho, el libro de referencia de los
rastafaris es el Antiguo Testamento, que
menciona Etiopía una treintena de veces,
un país que representa el jardín del Edén
para los rastas. Por tanto, se asocia a la
filosofía rastafari por su texto fundador,
pero también por los orígenes genealógicos
de su soberano.

MOMENTOS CLAVE

LOS PRIMEROS VINILOS DE 45 RPM: *ONE CUP OF COFFEE* (1962) Y *JUDGE NOT* (1978)

El día en que Bob Marley entra en Beverley's Records para pasar una audición, Jimmy Cliff está al piano. Su objetivo es acompañar a Bob Marley y escuchar las cinco canciones que este acaba de proponerle a la discográfica. Al final de esta sesión, Jimmy Cliff se queda con tres canciones, que se graban en 1962 bajo el sello de Beverley's, propiedad de Leslie Kong (productor jamaicano, 1933-1971). Estos tres títulos anuncian los temas que Bob Marley desarrolla a lo largo de toda su carrera:

- el amor en su versión del éxito *country* de Claude Gray (cantante estadounidense, nacido en 1932), *One Cup of Coffee*;
- la espiritualidad con *Judge Not*;
- el terror que reina en los guetos en la letra de *Terror*.

Aunque los dos primeros salen en disco de vinilo de 45 RPM, uno bajo el nombre de Robert Marley y otro bajo el pseudónimo de Bobby Martell, el tercero no se edita. Estos dos vinilos también llegan a Inglaterra bajo el sello discográfico Island Records, de Chris Blackwell, un estadounidense blanco.

SIMMER DOWN: NÚMERO 1 EN JAMAICA

A principios del año 1963, el trío que Bob Marley forma con Bunny y Peter Tosh también acoge a Franklin Junior Braithwaite (cantante jamaicano, 1949-1999), a Cherry Smith y a Beverly Kelso. Esta formación decide llamarse los Wailin'Wailers.

Hacen una audición en Studio One, propiedad de Clement Coxsone Dodd (productor jamaicano, 1932-2004), que elige hacerles grabar *Simmer Down* (1965) al tiempo que reduce el nombre de la banda, que pasa a llamarse los Wailers. Este título se mantiene en la cima de las listas de éxitos de Jamaica durante varias semanas.

LA CREACIÓN DE UN PRIMER SELLO DISCOGRÁFICO: WAIL'N'SOUL'M

Durante tres años, los Wailers, acompañados de The Skatalites (grupo originario de Jamaica formado en 1964), graban más de un centenar de canciones. Las creaciones personales, como *Cry To Me* (1976), *One Love* y *Love and Affection* (1965) se codean con versiones o adaptaciones de piezas como *Do You Love Me* de The Contours (grupo estadounidense de música *soul* de los años 1960), publicada en 1962, o *Like a Rolling Stone* (1965), de Bob Dylan (autor, compositor e intérprete estadounidense nacido en 1941).

En 1966, tras una breve estancia en los Estados Unidos, Bob Marley se reúne con sus amigos de los Wailers. Consideran que Studio One no les paga bien, por lo que deciden crear su propio sello: Wail'n'Soul'm (abreviatura de Wailers and Soulettes music). Los dos primeros títulos que registran son *Bend Down Low* y *Freedom Time* (1966). A pesar de su calidad musical, estas canciones apenas tienen éxito. De hecho, ahora que son independientes, los Wailers dejan de sonar en las grandes veladas *sound system* organizadas especialmente por Coxsone Dodd.

La canción *Nice Time* (1967), escrita por Cedella (la hija que tiene Bob con Rita), no se vende prácticamente a pesar de salir en televisión y de sonar en la radio. Ni siquiera la apertura de una tienda de discos consigue hacer que las ventas de sus álbumes despeguen.

LOS PRIMEROS *REGGAE*: *HAMMER* Y *SOUL REBEL*

Cuando vuelve de los Estados Unidos, Bob Marley se acerca a la filosofía rastafari. En 1968, durante una ceremonia del movimiento, conoce a Danny Sims (productor estadounidense, 1936-2012), agente de Johnny Nash (cantante y guitarrista estadounidense, nacido en 1940) que busca grupos de *rocksteady* para dar a conocer este estilo en los Estados Unidos. Le pide a Bob Marley que componga canciones de este género para Nash. *Hold Me Tight* (1968) y *Stir It Up* (1973) cosechan un cierto éxito.

En poco tiempo, Danny se convierte en el agente y el productor de los Wailers. Durante su primera sesión, hace grabar varias canciones con un estilo que oscila entre el *soul* y el *rocksteady* (*Rock To The Rock* o *How Many Times*, grabadas en 1968 y lanzadas en 1997), pero también baladas *doo-wop* (*Chances Are*, grabada en 1968 y lanzada en 1981).

EL *DOO-WOP*

El *doo-wop* es un estilo musical inspirado en el *rhythm and blues* (*R&B*) que tiene éxito en los años 1950 y 1960. Lo suele cantar un cuarteto vocal (dos tenores, un barítono y un barítono bajo) y puede acompañarse de un bajo. El estilo está influido por el góspel. Las canciones *doo-wop* a menudo son sentimentales o humorísticas.

Trabajan bajo la dirección de Arthur Jenkins (artista estadounidense, 1936-2009), el arreglista de Johnny Nash. Para las siguientes sesiones, siempre bajo la dirección de Jenkins, se rodean de músicos del Atlantic Records y graban sus primeras canciones *reggae*, *Soul Rebel* o *Hammer*, que por desgracia no se editan hasta 1997 en el álbum *Rock To The Rock*. En esta época salen dos nuevas versiones de *Bend Down Low* y *Mellow Mood*, pero una vez más, no cosechan demasiado éxito.

LA CREACIÓN DE UN SEGUNDO SELLO DISCOGRÁFICO: TUFF GONG

De vuelta a los Estados Unidos, Bob Marley trabaja para Chrysler (marca automovilística estadounidense creada en 1925) para ganar dinero mientras que los Wailers fundan, a principios de los años 1970, el sello Tuff Gong, que procede de un apodo de Bob Marley y que significa «duro como un gong». Para algunos biógrafos, este pseudónimo viene de la actitud de líder adoptada por Bob en el gueto para protegerse; para otros, procede del diminutivo de Ganguru Maragh, apodo de Leonard Howell, uno de los cuatro fundadores del movimiento rastafari.

Apoyados por Aston Barrett (bajista jamaicano apodado «Family Man», nacido en 1946) y de su hermano Carlton (batería jamaicano, 1950-1987), que forman parte de los Upsetters (grupo de música formado en 1969), los Wailers graban una adaptación de *Black Progress* de James Brown (músico estadounidense, 1933-2006) y de *Hold on this Felling* de Junior Walker (músico estadounidense, 1931-1995), que son los primeros *dubs* de Bob Marley.

El *DUB*

El *dub* es un género musical inventado por King Tubby (1941-1989), un ingeniero de sonido y productor jamaicano de éxito en los años 1970. Este estilo de música, similar al *reggae*, es una remezcla a tiempo real realizada a partir de bandas magnéticas que hacen que la pareja rítmica formada por el bajo y la batería destaquen, así como algunos efectos de sonido (por ejemplo, juega con el eco).

Ese mismo año, los Wailers aceptan trabajar para el sello discográfico Beverley's, que pertenece a Leslie Kong. Graban un álbum titulado *The Best of the Wailers* (1971), que sale a principios del año siguiente. De nuevo, el éxito se hace esperar.

UNA COLABORACIÓN CON LEE «SCRATCH» PERRY

Durante dos años, de 1970 a 1971, los Wailers graban bajo la dirección del productor de Studio One, Lee «Scratch» Perry (productor y músico jamaicano, nacido en 1936), que se habían cruzado en ese mismo estudio un tiempo antes. Con los Upsetters a la música y Lee «Scratch» Perry a la batuta, graban dos discos 33 RPM: *Soul Rebels*, que sale en 1970, y *Soul Revolution Part II*, que aparece en 1973 bajo el título *African Herbsmann*.

Aunque los Wailers apenas obtienen porcentajes de los álbumes a pesar de las ventas, la suerte comienza a sonreírles: la canción *Trenchtown Rock* (1975), grabada bajo su propio sello en Jamaica, conoce un gran éxito.

REGGAE ON BROADWAY (1976)

A principios de 1972, en Londres, Bob Marley compone canciones para Johnny Nash, que graba para Columbia el álbum *I Can See Clearly Now*, en el que se encuentran cuatro títulos escritos por Bob Marley. Este último firma entonces un contrato con Columbia, que produce el disco en 45 RPM de Marley *Reggae on Broadway*.

En primavera, Bob Marley se reúne con su grupo en Jamaica para llevarlo de gira por Inglaterra y promocionar el disco. Sin embargo, después de algunos conciertos a los que no acude demasiada gente, la banda regresa a Jamaica.

LAS PRIMERAS GIRAS INGLESAS Y LAS PRIMERAS DIFICULTADES

Chris Blackwell acepta, en otoño de 1972, financiar la producción del álbum *Catch a Fire* de los Wailers para el sello inglés Island Records. El disco se realiza en Jamaica. Más tarde, en Inglaterra, los Wailers modifican ciertos arreglos del disco bajo la dirección de Blackwell acelerando determinados fragmentos y ralentizando otros. También remezclan el álbum bajo la dirección de su productor.

Este disco es bien acogido en la prensa, y los Wailers firman un contrato con Island Records. Al año siguiente, hacen una nueva gira por Inglaterra. Poco después de su lanzamiento, el éxito del álbum *Burnin'*, en el que se encuentra la canción *Get Up Stand Up*, es discreto. En esta época, Bunny y después Peter Tosh abandonan los Wailers. De hecho, Bunny abandona el grupo tras una gira en 1973 porque no soporta las presiones psicológicas y financieras de la discográfica, mientras que Peter Tosh hace lo propio unos meses más tarde, considerando que el productor le reserva un lugar demasiado importante a Bob Marley. Aunque estas caídas firman el fin de los Wailers como tal, el nombre se queda unido a los músicos del grupo. Siguen acompañando al cantante, Bob Marley, que ahora se presenta bajo su propio nombre.

Bob Marley, siempre activo en el seno del grupo Bob Marley y los Wailers, también se convierte en letrista: la canción *I Shot The Sheriff*, escrita para Eric Clapton (nacido en 1945) en 1974, coloca al cantante británico en la posición de líder de las listas estadounidenses. Pero Bob se da cuenta de que el contrato que ha firmado con Danny Sims en 1968 no le permite obtener muchos derechos de autor sobre las canciones que ha escrito. A partir de ese momento, ya no firma sus composiciones con su propio nombre para que su productor no obtenga ningún porcentaje sobre los derechos de autor y poder así aumentar sus ingresos sobre las ventas de los álbumes.

LA REVELACIÓN ANTE LA PRENSA: EL DIRECTO EN EL LYCEUM DE LONDRES

Bob Marley, acompañado por los Upsetters y por el trío I Three, compuesto por las cantantes jamaicanas de *reggae* Rita Marley, Judy Mowatt (nacida en 1952) y Marcia Griffiths (nacida en 1949), graba el disco *Natty Dread*, en el que aparece la canción *No Woman No Cry* (1974). La canción vuelve a aparecer en el álbum *Live!*, registrado durante un concierto en el Lyceum de Londres.

Este disco es una revelación para la prensa y el público inglés. La mediatización de Marley es inmediata y se extiende por Europa, mientras que la canción *No Woman No Cry* comienza a retransmitirse en la radio. En unos meses, Bob Marley se convierte en una estrella.

UN CANTANTE COMPROMETIDO

Get Up Stand Up (1973) forma parte de un grupo de canciones muy contestatarias que Bob Marley graba a partir de los años 1970. También a partir de este momento hace descubrir al público las raíces africanas del movimiento rastafari, que se desarrolla al mismo ritmo que la popularidad del cantante. En el álbum *Rastaman*, que incluso se vende en los Estados Unidos, la canción *War* (1976) es el extracto de un discurso sobre el racismo y los derechos humanos pronunciado por Haile Selassie en las Naciones Unidas.

Bob Marley se convierte en la voz de los oprimidos y de los desarraigados del mundo entero. En 1976, en Jamaica, la oposición entre los partidos de derecha y de izquierda hace que corra la sangre. Bob Marley acepta participar en el concierto masivo Smile Jamaica, organizado en el National Heroes Park para rebajar las tensiones entre ambas partes. Sin embargo, dos días antes de subirse al escenario, Bob Marley resulta herido en su casa como consecuencia de un tiroteo. A pesar de sus heridas, quiere dar el concierto. Canta durante más de una hora y media ante 80 000 personas antes de exiliarse en Londres.

No vuelve a Jamaica hasta dos años más tarde para participar en el One Love Peace Concert, que tiene lugar el 11 de abril de 1978. Logra reunir en el escenario a Michael Manley y a Edward Seaga (político jamaicano de derecha, nacido en 1930), los dos principales oponentes políticos de Jamaica. El apretón de manos entre ambos está cargado de simbolismo. Unos meses más tarde, Marley recibe la Medalla de la Paz de las Naciones Unidas.

A pesar de la implicación de Bob Marley en la vida política jamaicana y en la lucha contra la desigualdad racial, la prensa *rock* (dominada por la comunidad blanca) no le considera un cantante del tercer mundo sino un miembro más de su propia cultura pop. El álbum de 1977 *Exodus* es un perfecto ejemplo de este compromiso: en él, Bob Marley evoca la repatriación de los afroamericanos a África, a favor del panafricanismo. Este disco se graba en Londres en los estudios Basing Street. Los títulos *Exodus*, *One Love* o *So Much Things to Say* cosechan un gran éxito popular. En este álbum, Bob Marley también convierte en canción el amor que siente por Cindy Breakspeare, su pareja de la época. En

1998, es nombrado mejor álbum del siglo XX por la revista *Time*.

UNA PRIMERA ADVERTENCIA IGNORADA

En la primavera de 1977, Bob Marley se embarca en la gira más grande que jamás ha realizado. A sabiendas de su pasión por el fútbol, se organiza un partido para honrar su paso por París en mayo de 1977. En esta época, el cantante comienza a sufrir dolor en el dedo gordo del pie, que acabará con su vida, pero quiere jugar. Sin embargo, un golpe en ese mismo dedo le obliga a abandonar el partido y consultar a un médico. A pesar de que se detecta un tumor, Bob Marley sigue adelante con su gira, y los seis conciertos que ofrece en el Rainbow de Londres son grabados. Sin embargo, cuando tienen que amputarle el dedo, Bob Marley se ve obligado a cancelar el final de su gira.

EN TIERRAS AFRICANAS

En 1977, recibe de la mano del príncipe Asfa, el hijo mayor de Haile Selassie, un anillo que ha pertenecido al emperador. Este anillo, en el que aparece representado un león de Judá (símbolo del soberano), aparece en la portada del álbum *Legend* (1984). Al año siguiente, Bob Marley realiza una peregrinación por las tierras del emperador, en Etiopía.

En 1979, después del lanzamiento del álbum *Survival*, Bob Marley comienza una gira mundial que lo lleva a Nueva Zelanda, Australia y Japón. En Boston, canta en el estadio Harvard para recaudar fondos para los combatientes africanos que luchan por la libertad. Pronuncia un discurso a favor de la legalización del cannabis, la unificación de la humanidad y, sobre todo, el reconocimiento de la identidad divina de Haile Selassie.

En 1980, cumple su sueño dando un concierto en Gabón en enero y otro en Zimbabue el 17 de abril para celebrar la independencia del país. Gasta 250 000 dólares para mover a su banda y llevar el equipo necesario para el concierto.

EL FIN DE UN SUEÑO: *REDEMPTION SONG* (1980)

El verano siguiente, Bob Marley se embarca en una nueva gira europea para promocionar *Uprising* (1980), su octava y última obra. Esta vez, el disco es bien recibido por la crítica. Su tema *Could You Be Loved*, con su tempo rápido y un ritmo más americano, parece capaz de abrirle las puertas del mercado estadounidense. En otoño toca en el Madison Square Garden de Nueva York como telonero de los Commodores (una banda americana de *soul* y *funk*).

Cuando finalmente cree que puede hacerse un hueco en los Estados Unidos, se desvanece mientras corre por Central Park. Su melanoma se ha extendido. El 23 de septiembre, ofrece un último concierto en Pittsburgh, que cierra con la canción *Redemption Song*, una canción que suena a su testamento musical.

Tras una estancia en Alemania, donde un médico intenta salvarlo, regresa a Miami, donde muere rodeado de sus seres queridos. Jamaica está conmocionada. Edward Seaga, ministro de derechas, le rinde homenaje a nivel nacional, mientras que las sesiones del Parlamento se suspenden durante diez días. Una enorme multitud se reúne a lo largo de la ruta que sigue el coche fúnebre que lleva a Bob Marley de vuelta a su ciudad natal, donde se le erige un mausoleo en la cima de la colina de Nine Mile. Se le entierra con el anillo que le ofreció el hijo de Haile Selassie en el dedo. El aniversario de su muerte es ahora un día festivo en Jamaica.

REPERCUSIONES

LA MÚSICA MÁS ALLÁ DE LA MUERTE

La música y los mensajes espirituales de Bob Marley continúan resonando en nosotros: aún hoy en día, las compañías discográficas siguen encontrando temas inéditos que publican en discos recopilatorios. Entre la multitud de sesiones que se desconocían hasta el momento de la muerte de Bob Marley se encontraba una de las primeras grabaciones de *reggae* de Bob Marley y los Wailers (*Soul Rebel*), grabada en 1968, que no aparece hasta 1997 en el álbum *Rock To The Rock* (la primera obra de la serie *The Complete Bob Marley and the Wailers 1967-1972*). Así, incluso después de su muerte, la voz y las melodías de Bob Marley siguen emocionando a su público.

La música de Bob Marley también vive en el escenario gracias a los Wailers, que continúan sus giras tras la muerte de su compañero. La banda se compone en 1981 por los Upsetters, el guitarrista y cantante Junior Marvin (nacido en 1949) y el teclista Earl Wya Lindo (1953-2017). Hoy en día, aunque algunos miembros de los Wailers han cambiado, la formación sigue haciendo giras y dando vida a las canciones compuestas por Bob Marley.

Después de la muerte de Bob Marley en 1981 se abren varios procesos, ya que los miembros fundadores de los Wailers, que participaron en las grabaciones de los discos de Bob Marley, reclaman derechos de autor sobre estos.

LA VOZ DE SUS HIJOS

La música de Bob Marley también resuena en las voces de varios de sus hijos, que han elegido ser músicos y que, al tener éxito en los Estados Unidos, cumplen un pedazo del sueño de su padre. Unos lo hacen tocando *reggae*, mientras que otros retoman su discurso revolucionario.

- **Ziggy**. El hijo mayor de Bob Marley, junto con algunos de sus hermanos y hermanas (Cedella, Sharon y Stephen) forma el Ziggy Marley and the Melody Makers en 1979. En 1988, su canción *Tumblin' Down* lidera las listas estadounidenses. 20 años más tarde, con *Love is My Religion*, recibe el título de mejor álbum de *reggae* del año 2007 en los Premios Grammy.

- **Stephen**. El tercer hijo biológico de Bob Marley saca su primer álbum en 2007, *Mind Control*, y gana el Premio Grammy 2010 en la categoría de *reggae* con el álbum *Mind Control Acoustic*.
- **Julian**. Desde muy joven, Julian (nacido en 1975) trabaja con músicos de renombre y se une a los Wailers. Junto con sus hermanos Ziggy y Stephen, funda la discográfica Ghetto Youths Crew. Ha producido varios discos en solitario, incluyendo *Awake*, publicado en 2009.
- **Ky-Mani**. En 1996, Ky-Mani, hijo de Bob Marley y Anita Belnavis nacido en 1976, lanza su primer álbum (*Like Father, Like Son*), que incluye 11 canciones de su padre. La siguiente obra, *The Journey*, se publica en el año 2000. Su música muestra influencias que oscilan entre el *reggae*, el *R&B* y el *hip-hop*. Sin embargo, con el álbum *Many More Roads* (2001), Ky-Mani vuelve a las raíces del *reggae*.
- **Damian**. El último hijo de Bob Marley, Damian (nacido en 1978), lanza su primer álbum bajo el sello Tuff Gong, creado por su padre. Percibiendo sus habilidades, su hermano

Stephen decide producir su primer álbum, titulado *Mr. Marley*, en 1996. Mezcla el *reggae* con música más actual como el *rap* estadounidense. Aunque se distingue de su padre por su estilo musical, se acerca a él a través de sus letras. De hecho, en *Welcome to Jamrock* (2005), habla sobre la pobreza y la violencia que todavía prevalecen en Jamaica.

UN GESTO DE PAZ Y UN GRITO DE REVUELTA

ONE LOVE PEACE CONCERT

En 1976, Michael Manley es reelegido jefe del Gobierno jamaicano. Procedente del Partido Nacional Popular (PNP), establece un programa político cercano al socialismo y al Gobierno cubano. Esta reelección marca el comienzo de un brote de violencia en Jamaica. De hecho, en las calles, los partidarios del PNP se enfrentan a los del Partido Laborista de Jamaica (JLP, por sus siglas en inglés) liderado por Edward Seaga. Mientras que Bob Marley está exiliado voluntariamente en Londres después de un tiroteo del que había sido víctima dos años atrás, la violencia continúa en Jamaica y sitúa al país al borde de la guerra civil.

En febrero de 1978, un video muestra a militantes de ambos partidos pidiéndole a Bob Marley que vaya a Jamaica para el concierto One Love Peace Concert, organizado para terminar con la rivalidad mortal entre ambas facciones. Bob Marley acepta participar en este concierto, que reúne a casi todas las estrellas del *reggae* de la isla.

En pleno espectáculo, Bob Marley pide a Edward Seaga y a Michael Manley que suban al escenario y que se den un apretón de manos. Lo hacen, y Bob Marley enfatiza este gesto simbólico levantando la mano de los dos hombres para que todo el público pueda verlo. Así, las imágenes de archivo muestran tres manos juntas para celebrar por fin la reconciliación en Jamaica. A pesar de la fuerza simbólica de este acto, la reconciliación es efímera, ya que las tensiones entre los dos partidos políticos siguen incendiando el país hasta 1980.

DÍA DE LA INDEPENDENCIA DE ZIMBABUE

Bob Marley y los Wailers son invitados a dar un concierto el 17 de abril de 1980 para celebrar la independencia de Zimbabue, el último país africano en liberarse del yugo colonial. El concierto tiene lugar en el estadio de Rufaro, frente a una platea de jefes de Estado que acuden a las celebraciones.

Bob Marley interpreta *Zimbabwe* (1979) y *War*, dos canciones que son himnos al panafricanismo. El primer texto, escrito por Bob Marley, pide a los africanos que se unan para ganar su libertad y dignidad perdidas. El segundo es la reanudación de un discurso de Haile Selassie ante las Naciones Unidas: «Hasta que la filosofía que sostiene que hay una raza superior y otra inferior sea finalmente abandonada y definitivamente desacreditada... digo guerra...»[1].

Bob Marley, un cantante mestizo de un país del tercer mundo que se convierte en una estrella del *reggae* en pocos años, es quizás uno de los únicos cantantes que puede permitirse hacer tales comentarios ante 11 jefes de Estado y convertirse así en uno de los embajadores del panafricanismo.

---

1. Fragmento de la canción *War*, traducido por 50Minutos.es

RESUMEN

- Bob Marley nace en Jamaica el 6 de febrero de 1945. Después de una infancia en las colinas de Nine Mile, una provincia al norte de Jamaica, pasa su adolescencia en Trenchtown, el gueto más pobre de la ciudad de Kingston.

- En este universo de violencia y miseria, Bob Marley y Bunny Livingstone, un amigo de la infancia, pasan sus días cantando himnos o inventando sus propias melodías. Su encuentro con Peter Tosh lleva a la creación de los Wailers.

- La banda cosecha su primer éxito con la canción *Simmer Down*, que se convierte en el número 1 en Jamaica. Sin embargo, este éxito no tiene continuación a pesar de las numerosas sesiones en el estudio, donde la banda graba cerca de 400 temas entre 1966 y 1971. A medida que el éxito comienza a crecer, Peter Tosh y Bunny dejan la banda en 1973.

- El éxito finalmente llega en 1974 con *I Shot The Sheriff*, grabado por Eric Clapton. A partir de entonces, las canciones de Bob Marley se vuelven mucho más comprometidas y llaman al pueblo negro a unirse y rebelarse contra la opresión blanca, como atestigua la letra de *War*, que no es otra cosa que un discurso de Haile Selassie en el atril de las Naciones Unidas. Bob Marley, portavoz del movimiento panafricano, es también embajador de la filosofía rastafari, a la que se acerca en 1966.

- En 1976, Bob Marley no solo es una estrella en Jamaica, sino también en Europa. Víctima de un tiroteo, se exilia a Inglaterra. Tan solo regresa a Jamaica dos años después para el concierto One Love Peace, donde pide a los dos opositores políticos de Jamaica que se estrechen la mano. Así, consigue calmar la violencia que reina entonces en su país.
- Cuatro años después, Bob Marley es conocido en todo el mundo y logra por fin cumplir su sueño. Viaja a África para dar un concierto en Gabón y otro en Zimbabue.
- Además de los textos que evocan el panafricanismo o la filosofía, Bob Marley canta sobre el amor. De hecho, después de casarse con Rita, que siempre se mantiene a su lado, tiene muchas amantes y deja tras de sí muchos hijos.
- Bob Marley se está dando a conocer mejor en

los Estados Unidos al hacer de telonero para los Commodores, pero se desmaya cuando corre por Central Park. El veredicto es demoledor: el cáncer que se le había detectado en 1977 se ha extendido. Solo le quedan unos meses de vida. Muere en Miami el 11 de mayo de 1981.

• El día de su funeral, Jamaica está conmocionada. Sus restos son devueltos a su tierra natal para descansar en Nine Mile, la tierra que le vio nacer.

• A pesar de su desaparición, su voz no se apaga. De hecho, muchas grabaciones que no habían salido a la luz son reeditadas. Los Wailers continúan de escenario en escenario, mientras que muchos de los hijos de Bob Marley siguen los pasos de su célebre padre.

¡Tu opinión nos interesa!
¡Deja un comentario en la página web de tu librería en línea,
y comparte tus favoritos en las redes sociales!

PARA IR MÁS ALLÁ

FUENTES BIBLIOGRÁFICAS

- Blum, Bruno. 2004. *Le Reggae et les rastas. Une histoire de la musique jamaïcaine*. París: Hors Collection, colección *Stars & Musique*.

- Bob Marley. Consultado el 3 de enero de 2018. http://www.bobmarley.com/

- Bradley, Lloyd. 2005. *Bass Culture. Quand le reggae était roi*. París: Allia.

- Burnett, David. 2011. *Rasta rebel: Un portrait intime de Bob Marley*. París: Fetjaine.

- Ceyrat, Antony. 2009. "Les noirs à l'heure de l'indépendance jamaïcaine: histoire d'une majorité marginale". *Études caribéennes*, n.° 13-14.

- Dagnini, Jérémie Kroubo. 2008. *Les Origines du reggae: retour aux sources. Mento, ska, rocksteady, early reggae*. París: L'Harmattan, colección *Univers musical*.

- Davis, Stephen. 1994. *Bob Marley*. París: Seuil, colección *Points Seuil*.

- Davis, Stephen. 2001. "Comme un rasta en son harem". *Libération*. 9 de mayo. Consultado el 3 de enero de 2018. http://

www.liberation.fr/cahier-special/2001/05/09/comme-un-rasta-en-son-harem_363863

- de Tonnac, Jean-Philippe. 2012. *Bob Marley*. París: Gallimard.

- Dordor, Francis. 2009. *Bob Marley*. París: Flammarion.

- Gottlieb-Walker, Kim. 2011. *Bob Marley, portraits inédits en photos (1975-1976)*. París: Hors Collection, colección *Stars & Musique*.

- Henke, James. 2006. *Bob Marley. La légende*. París: Éditions du Panama.

- Maillot, Élodie. 2005. *Dictionnaire des chansons de Bob Marley*. París: Éditions de Tournon.

- Marley, Rita y Hettie Jones. 2004. *Ma vie avec Bob Marley:* No Woman No Cry. Bernay: City Éditions.

- Morris, Dennis. 2006. *Bob Marley, un rebelle, un sage*. París: Tana Éditions.

- Reggae, "Bob Marley". Consultado el 3 de enero de 2018. http://www.reggae.fr/artiste-biographie/57_Bob-Marley.html

- Perspective monde. Outil pédagogique des grandes tendances mondiales depuis 1945, "Jamaïque". Consultado el 3 de enero de 2018. http://perspective.usherbrooke.ca/bilan/pays/JAM/fr.html

- Sheridan, Maureen. 2000. *L'Intégrale. Bob Marley. Les Secrets de toutes ses chansons*. París: Hors Collection.

- White, Timothy. 2006. *Catch a Fire. The Life of Bob Marley*. Nueva York: Henry Holt & Company.

DOCUMENTALES

- *Bob Marley: Spiritual Journey*. Dirigido por Mike Parkinson y Ray Santilli. Reino Unido: WHE International, 2004.

- *Marley*. Dirigido por Kevin Macdonald. Reino Unido, Estados Unidos: Shangri-La Entertainment, Tuff Gong Pictures y Cowboy Films, 2012.

MONUMENTOS CONMEMORATIVOS

- Museo Bob Marley, en Kingstone, Jamaica.
- Tumba de Bob Marley, en Nine Miles, Jamaica.

FUENTES ICONOGRÁFICAS

- Bob Marley, julio de 1979. © Themeplus - Flickr.com.

- Haile Selassie I de Etiopía, por el fotógrafo suizo Walter Mittelholzer (1894-1937), febrero de 1934. La imagen reproducida está libre de derechos.

50MINUTOS.es
Historia
Economía y empresa
Coaching
Book Review
Salud y bienestar
Arte y literatura
EL DIAGRAMA DE ISHIKAWA
Material Método Máquina
Madre Naturaleza Medida Hombres
LA GUERRA DE PALESTINA DE 1948
DOMINA EL ARTE DEL NETWORKING
¡APRENDER NUNCA ANTES FUE TAN RÁPIDO!
www.50minutos.es

www.50Minutos.es

ISBN ebook: 9782808004060

ISBN papel: 9782808004077

Depósito legal: D/2017/12603/733

Libro realizado por <u>Primento</u>, el socio digital de los editores